QUESTIONS COLONIALES

Côte d'Ivoire

LA VÉRITÉ

A PROPOS DE

L'EXPÉDITION MONTEIL

PRIX : **20** CENTIMES

EN VENTE CHEZ :

S. MERCADIER, IMPRIMEUR-ÉDITEUR
17, Rue Grange-Batelière, 17

1895

LA VÉRITÉ

A PROPOS DE

L'EXPÉDITION MONTEIL

Les évènements qui se déroulent depuis quelque temps à la Côte d'Ivoire, ne me permettent plus de garder le silence ; dans l'intérêt de l'expansion coloniale française, dans l'intérêt de la colonie de la Côte d'Ivoire à laquelle j'ai donné toute ma vie, il est temps que l'opinion publique connaisse enfin la vérité.

Lorsque la colonne Monteil a été envoyée à Grand-Bassam, j'aurais voulu faire la lumière ; à ce moment je tombais gravement malade et jusqu'à ce jour, je n'ai pu m'occuper de quoi que ce soit.

Le 30 décembre 1894, croyant que mes jours étaient comptés, j'ai adressé à M. Delcassé, alors Ministre des Colonies, la lettre suivante :

« *Paris, le 30 décembre 1894,*

« Monsieur le Ministre,

« De 1862 à 1890, je fus le seul négociant français à
« Grand Bassam et Assinie (Côte Occidentale d'Afrique).

« Après nos désastres de 1870, le Gouvernement de
« la République me donna la garde du Pavillon de la
« France à la Côte d'Ivoire et me confia l'administration
« de cette Colonie.

« Jusqu'en 1890, j'ai eu à assumer cette lourde tâche :
« pendant cette période, la Colonie a été calme, les
« affaires prospères.

« Aujourd'hui, la Colonie est à feu et à sang, le
« commerce français (les Anglais s'enrichissent par la
« contrebande) est ruiné, ce dont la preuve est facile à
« faire par la constatation des livres des négociants de
« la Côte d'Ivoire.

« La cause de cette ruine est le tarif des droits de
« douane, tarif dont les droits sont excessifs.

« Depuis 1890, j'ai vainement tenté de faire modifier
« ce tarif ; au commencement de cette année, promesse
« m'avait été faite par l'honorable Monsieur Delcassé,
« d'une étude de la question, mais je n'ai pu m'occuper
« de rien depuis le mois de Juin et la ruine de tous
« continue.

« Je viens de dire que depuis le mois de juin, je n'avais
« pu m'occuper de rien : la maladie en est cause.

« De 1890 à 1895, la situation qui m'a été faite par
« l'Administration coloniale a été telle (je suis loin
« d'oublier Monsieur le Ministre, que par la concession
« forestière que vous m'avez donnée, vous avez cherché
« à atténuer le passé) que santé et fortune ont été
« ruinées.

« Aujourd'hui, au bord de la tombe, je pousse le cri
« d'alarme.

« Pour ceux qui me suivront, pour moi si je ne
« succombe pas, je dis au Ministre qu'il faut modifier
« l'état de choses à la Côte d'Ivoire.

« Le tarif de douanes doit être considérablement

« abaissé, je voudrais même le voir presque supprimé.

« Osez supprimer tout le personnel fonctionnaire et
« vous n'aurez plus besoin du million prélevé annuel-
« lement sur des affaires restreintes et surtout désas-
« treuses !

« Malgré les criailleries de nos bons amis les Anglais,
« faites un port franc de cette Colonie, n'y laissez qu'un
« Commissaire du Gouvernement, aidé de quelques
« employés.

« La situation géographique de la Côte d'Ivoire est
« telle, qu'après peu de temps de ce régime, la Colonie
« sera très prospère.

« Port franc ! quelques contributions et immédiatement
« les populations se calmeront.

« Empêchez en même temps, les étrangers (Anglais)
« de monter dans l'intérieur, et vous n'aurez plus besoin
« d'envoyer vos colonnes militaires réprimer des
« désordres toujours causés par les agissements des
« agents anglais.

« La marche sur Akaples était nécessaire, celle sur
« Kong l'est-elle ?

« J'ai parcouru ce pays dans tous les sens ; je dis que
« pour le résultat à obtenir, protéger Kong contre
« Samory (car prendre Samory est peu probable, ce
« dernier pouvant toujours se soustraire par la fuite à
« nos colonnes) les sacrifices seront trop considérables

« Trois cents kilomètres en forêt vierge, sans air, sans
« soleil, sans nourriture, sans routes ni chemins, c'est
« trop demander à nos pauvres soldats.

« Leur héroïsme les fera aller de l'avant, mais
« combien ne reviendront pas !

« S'ils réussissent, c'est qu'ils auront eu à leur tête un
« homme d'une énergie bien rare et peut être seul capable
« de mener à bien semblable opération, le brave Colonel
« Monteil.

« Mais s'il y a échec, il faudra saluer bien bas les
« héros qui auront tenté presque l'impossible.

« Ces lignes sont écrites de mon lit que je ne laisserai
« peut-être plus; que ce soit là mon excuse, Monsieur
« le Ministre, si malgré ma pensée, elles ont quelque
« chose de désagréable.

« J'ai l'honneur, etc., etc. »

Quelque temps après, le 22 février 1895, la *Cocarde*
publiait deux articles dans lesquels il était question de
la colonne Monteil.

Il y était dit que la colonne Monteil avait été formée
à ma demande pour défendre mes intérêts à la Côte
d'Ivoire.

Le Ministre étant ainsi mis en cause, je dois dire que
je ne suis pour rien dans l'expédition de la colonne
Monteil, ma lettre au Ministre des Colonies en date du
30 décembre 1894, le prouve surabondamment.

Si au départ de la Colonne, le vieil Africain, établi en
ces parages depuis 1861 et Résident de France à Grand
Bassam pendant une vingtaine d'années, avait été valide,
voici ce qu'il aurait dit.

Attaquer Samory pour défendre Kong est folie.

Défendre Kong qui d'après les nouvelles de 1894,
ferait alliance avec Samory plutôt qu'avec nous, n'a pas
de raison, ces peuples de l'intérieur ne nous étant pas
si dévoués malgré leurs belles promesses faites à un
explorateur qui passe.

Attaquer Samory par une colonne expédiée de la Côte
d'Ivoire, colonne de douze cents hommes est chose bien
difficile: ces hommes ne passeront pas comme un boulet,
beaucoup périront.

Plusieurs années, beaucoup de millions et certainement
on aurait raison de Samory.

Si donc, il y avait folie à faire partir cette colonne de

la Côte d'Ivoire, toute la responsabilité en doit remonter à ceux qui ont ainsi conseillé le Ministre et surtout au Gouverneur Binger qui étant en France au moment du départ du colonel Monteil (lequel paraît devoir être pris aujourd'hui comme bouc émissaire), aurait dû dire au Ministre toute la vérité laquelle lui était parfaitement connue.

En quelques mots, voici cette vérité :

En 1889, la Colonie de la Côte d'Ivoire était prospère, elle est aujourd'hui à feu et à sang ; les indigènes réquisitionnés à chaque minute, ont juré guerre à mort à ceux qui les ruinent et les maltraitent quand ils devraient les protéger.

L'affaire d'Akaples dont la responsabilité est écrasante pour le Gouverneur Binger prouve l'état des esprits.

En 1890, deux missions l'une officielle, Monsieur le vicomte Armand et de Tavernost, l'autre officieuse, Messieurs Voituret et Papillon partirent du Grand Lahou pour remonter le Bendama.

Tout le monde sait ce qu'ont été ces deux missions !

Après le passage de la mission officielle, les indigènes avaient juré que jamais blanc ne remonterait plus à Tiassalé.

Quelques semaines après, Messieurs Voituret et Papillon faisaient le même voyage ; les noirs prétendirent qu'ils avaient mal agi à leur égard, il les tuèrent faisant savoir à nouveau qu'ils ne laisseraient plus les blancs monter dans l'intérieur.

Le Gouvernement crut devoir venger ces deux malheureux, une expédition fut faite contre Tiassalé : ce village fut pris et *rasé*.

Les populations de Baoulé, devinrent alors féroces contre le nom français.

C'est au milieu de ces populations soi-disant amies de

la France que la colonne Monteil devait passer pour attaquer et réduire Samory !

Ce que j'écris aujourd'hui, le Gouverneur Binger le savait.

Il savait surtout qu'aux deux fois où il est revenu de Kong, d'abord avec mon brave Treich-Laplène, envoyé par moi à Kong, puis avec M. Marcel Monnier, il avait été obligé de ne pas traverser le Baoulé, les peuplades de ces contrées ne nous étant pas favorables.

En ne disant pas celà au Ministre, il a surpris la religion de ce dernier; aussi je n'hésite pas à dire qu'il a commis un véritable crime.

On connait aujourd'hui le déplorable résultat de cette expédition, résultat causé par le rappel du colonel Monteil, au moment où celui-ci réalisant l'impossible était sur le point de traiter avec l'Almamy Samory.

Ce que le pays ne sait pas, c'est pourquoi la colonne a été dirigée sur Bassam, je vais essayer de le faire connaître en toute sincérité.

Les agissements du Gouverneur Binger ont été tels depuis sa nomination que le pays qui était autrefois calme et prospère est anjourd'hui absolument troublé et les transactions commerciales presque nulles.

Cet état de choses demandait une diversion que le Gouverneur Binger n'a pas hésité à chercher dans une expédition à l'intérieur.

Aller combattre Samory avec une colonne venant du Sud était une faute lourde, mais pourquoi combattre Samory.

Le Gouverneur Binger a prétendu que Samory menaçait Kong et enfin la Côte d'Ivoire.

Kong menacé était certainement chose fâcheuse, mais cela ne valait pas l'expédition projetée par le Sud, expédition qui devait fatalement être hérissée de difficultés et qui devait coûter la vie à tant des nôtres.

La Côte d'Ivoire menacée par Samory, quel mensonge !

Samory pouvait combattre et triompher dans les environs de Kong, mais jamais il n'aurait commis la folie qu'on lui prête, sans raison, de traverser, avec des cavaliers, une forêt vierge de deux cents kilomètres, là où il n'eût trouvé ni sentiers ni nourriture.

Il n'a certainement jamais eu la pensée d'attaquer les blancs installés sur le littoral, car il sait bien que là, les noirs n'ont jamais été les plus forts.

L'honorable M. Charles Roux, Député, disait à la Chambre : Les commerçants français établis au Dahomey sont tellement tracassés et ruinés par l'Administration Coloniale qu'ils en sont arrivés à regretter Béhanzin !

Cela me permet de dire que quand bien même Samory eût franchi la forêt vierge et qu'il fût venu sur le littoral, le commerce français aurait eu moins à se plaindre de lui que de l'Administration Coloniale, car plus intelligent que cette dernière, il n'aurait pas voulu tuer la poule aux œufs d'or.

Mais, comme je l'ai dit plus haut, notre patriotisme ne pouvait avoir à souffrir de la venue de Samory, ce dernier n'ayant jamais songé à semblable voyage.

Non seulement la colonne sur Kong devait éprouver beaucoup de difficultés, mais à Grand Bassam, toujours par la faute du Gouverneur Binger, on lui en a créé de nouvelles.

On a pu s'étonner que le colonel Monteil dont l'expédition à la Côte d'Ivoire avait pour but de protéger Kong, ville située à 550 kilomètres à l'intérieur, contre les attaques de Samory, ait dû, dès son arrivée, envoyer une colonne pour combattre les Akaples, peuplade habitant sur notre propre territoire, à 25 kilomètres seulement de Grand-Bassam et qui n'a rien à voir avec Samory.

Quelques explications à ce sujet ne seront pas sans intérêt.

Le pays d'Assinie où une seule maison française a des comptoirs et où se trouve une plantation importante de cafés (cent dix hectares) occupant un nombreux personnel, a de tout temps été travaillé par les Anglais qui entretiennent l'animosité des naturels contre la France. Pour maintenir ceux-ci dans l'obéissance, il eût fallu une fermeté que n'ont pas montré malheureusement la plupart des administrateurs envoyés à Assinie.

Il serait trop long de rappeler tous les troubles qui ont eu lieu dans cette région depuis quelques années et les assassinats qui y ont été commis. Plusieurs fois la plantation de café d'Elima qui est le seul essai sérieux de culture qui ait été fait dans cette partie de l'Afrique, a dû être évacuée.

Le plus remuant des chefs de cette région Amangoua est un véritable brigand, un voleur de grand chemin ne vivant que de meurtre et de pillage. Depuis longtemps, il est la terreur du pays.

Or, au mois d'août 1893, un agent de l'Administration, M. Cambus, était parvenu à arrêter Amangoua et, sous prétexte que ce dernier était accusé du meurtre d'un de ses esclaves, il résolut de le conduire à Grand-Bassam pour l'y faire juger. Mais ce fut l'Administrateur qui se chargea de cette mission. Il partit donc avec son prisonnier, 4 miliciens et un caporal. Par suite de quelles circonstances et en vertu de quelles instructions l'Administrateur se fit-il en outre accompagner par cinquante hommes d'Amangoua !

Quoi qu'il en soit, ce qui devait arriver, arriva : au bout de quelques kilomètres, l'Administrateur et ses Sénégalais furent désarmés le caporal qui voulut résister fut à moitié assommé et Amangoua se sauva avec ses hommes. On connait aujourd'hui les conséquences de cette évasion de notre pire ennemi.

Voici ce qu'évrivait à son sujet le 28 août 1893, l'Administrateur d'Assinie, au gérant de la plantation d'Elima après l'évasion d'Amangoua :

« *Assinie, 28 août 1893*

« J'ai été attaqué hier à la barre d'Assinie par les « hommes d'Amangoua. J'ai pu m'en tirer sain et sauf « grâce au bâteau de l'Impérial West African Cⁱᵉ, qui est « arrivé juste au moment où je me croyais perdu. La « population d'Assinie nous aide de tout son pouvoir.

« Elle nous a déjà livré trois hommes d'Amangoua. « J'ai fait prévenir Akasamadou. Je suis convaincu « qu'il nous aidera. Faites comprendre à la population « d'Elima quelle doit nous aider à débarrasser le pays « d'Amangoua et de ses hommes. Dites-lui que si tout « le monde nous aide, nous éviterons une guerre qui « serait funeste pour les indigènes.

« Signé : BRICARD, administrateur. »

Trois jours après cette première lettre, l'Administrateur d'Assinie écrivait de nouveau à l'Agent de la plantation.

« *Assinie, 31 août 1893.*

« Les hommes envoyés de Grand-Bassam au nombre « de 84 pour assurer notre défense, ont été attaqués « dans la soirée à Assuendi, près de la barre d'Assinie, « par Amangoua. J'apprends à l'instant même qu'Aman- « goua s'est rejeté sur Ganda-Ganda. Comme il est cer- « tain qu'il doit prévoir une attaque prochaine, il pour- « rait bien se faire qu'il essayat cette nuit une attaque

« de la plantation, ne serait-ce que pour avoir des
« otages.

Signé : BRICARD, administrateur.

A la suite de ces évènements, tout le monde s'arme à
Assinie, l'Administrateur élit domicile à la factorerie
française transformée en blokaus. L'aviso *La Cigogne*
arrive (4 septembre) en rade d'Assinie : le Lieutenant
de vaisseau qui le commande, juge la situation si
grave qu'il se prépare à rentrer en rivière pour parer
à tout évènement. Mais le Gouverneur qui était à
Grand-Bassam en décide autrement et donne l'ordre à
La Cigogne d'appareiller pour Libreville ; voici en
quels termes il rend compte au Ministre des Colonies,
de la situation pourtant si critique.

« GOUVERNEUR A MINISTRE DES COLONIES

» *Grand-Bassam. 6 septembre*

» L'aviso de la Colonie est arrivé. Tout allait bien.
» Aucun aviso étranger sur notre côte. Excellent accueil
» partout.

Signé : Capitaine BINGER. »

Ainsi, au dire même des Administrateurs, Amangoua
était un rebelle, un révolté, dont il fallait à tout prix
débarrasser le pays, pour éviter une guerre qui serait
funeste pour les indigènes.

On peut juger dans quelle situation pouvait être le
commerce durant ces évènements. Cependant on apprit
que le Gouverneur allait venir lui-même à Assinie
pour régler toutes les difficultés. On pensa qu'enfin, jus-
tice allait être faite et que les coupables seraient châtiés,
On reprit courage.

Le 9 septembre, M. le Gouverneur Binger arriva à Assinie; il fut reçu comme un sauveur par tous les Français. On s'attendait de sa part à une attitude énergique. Il allait enfin rétablir notre influence. Il fit bien un palabre au sujet d'Amangoua, mais quelle ne fut pas la surprise de nos compatriotes quand ils apprirent que tout était terminé à l'amiable, que les prisonniers étaient mis en liberté et renvoyés avec des cadeaux !

Le soir même M. le Gouverneur Binger quittait Assinie. Les Français l'avaient reçu au débarquement ; ce furent les Anglais qui coururent le soir à la plage le saluer à son départ.

A partir de ce moment la situation devint intolérable ; l'arrogance et les mauvaises dispositions des noirs à notre égard s'accentuèrent.

Nos compatriotes découragés, ne se sentant plus protégés voulurent abandonner le pays.

Voici ce qu'écrivaient les agents de la plantation d'Elima :

> « *Assinie, 10 septembre 1893.*
>
> « En présence de l'attitude du Gouverneur Binger, « qui a fait délivrer tous les prisonnier et donner à notre « détriment toute satisfaction aux noirs, nous demandons « dons à rentrer.
>
> « Les noirs sont maintenant d'une insolence telle « qu'il n'est plus possible de se faire respecter. »

Cette situation n'a fait qu'empirer ; depuis, MM. Couturier et Lemaire qui ont fait l'intérim du Gouvernement pendant le congé de M. Binger, se sont sans doute rendu compte des fautes commises et du danger qu'il y avait à laisser se prolonger plus longtemps cette situation, puisque le gouvernement a profité de la présence du colonel Monteil pour mettre fin aux déprédations d'Amangoua.

On ne peut que l'en féliciter en regrettant que mieux informé, il n'ait pas pris plutôt cette résolution.

Mais puisque l'expédition contre les Akaples, c'est-à-dire Amangoua a été jugée nécessaire, quelle responsabilité ne doit pas peser sur ceux qui, ayant eu ce brigand entre les mains, n'ont pas su le garder et le punir et, par leur indulgence et leur faiblesse l'ont soutenu contre la population française, et lui ont permis de continuer ses meurtres et ses dépradations.

Aiusi donc il a fallu rappeler la colonne Monteil de Lahou à Akaples (plus de 150 kilomètres) au moment où de Lahou la colonne allait partir pour Kong; cette marche pénible a certainement beaucoup fatigué ses hommes et malheureusement plusieurs de nos braves soldats ont été tués ou blessés dans cette affaire d'Akaples.

Et malgré tout, le colonel Monteil était enfin près de Kong !

Il bataillait tous les jours, non pas avec les populations au milieu desquelles il se trouvait, mais bien avec les bandes de Samory; un jour il fut grièvement blessé à la jambe. Ses succès étaient tels qu'il avait la conviction d'amener Samory à traiter avec lui.

C'est à ce moment qu'il apprit que la colonne recevait ordre de revenir à la Côte, et que lui devait rentrer en Europe.

Ces ordres sont venus du Ministère, mais ils n'ont pu être provoqués que par des dépêches du Gouverneur Binger.

Or, il n'est pas admissible que ce dernier par ses nombreux émissaires, ne sut pas que le colonel Monteil allait enfin réussir.

Pourquoi alors demander le rappel du Colonel et

la dislocation de la Colonne? Tout le monde peut répondre en toute assurance à cette question !

Et pour la première fois nous reculons complètement devant Samory, il est facile de comprendre combien son prestige grandira.

Mais le Gouverneur peut dire aujourd'hui que la colonne Monteil a ruiné et exaspéré toutes les populations de la Côte d'Ivoire ; que le pays étant profondément troublé les affaires s'en ressentiront certainement.

Il ajoutera que pour parer à toute éventualité il faut garder quelques compagnies.

Cela lui permettra de supprimer sa milice, partant, d'avoir un peu d'argent disponible pour les dépenses de son gouvernement.

Il n'aurait pas besoin de ces compagnies si, par son antoritarisme il n'avait soulevé toutes les populations contre son administration. Depuis qu'il est Gouverneur, il oublie les vertus de l'explorateur !

Il y a enfin une dernière question à étudier et la plus grave, celle de la vente des poudres à la Côte d'Ivoire pendant que la colonne Monteil opérait dans le haut pays.

Lors de l'arrivée du colonel Monteil à la Côte d'Ivoire, il demanda au Gouverneur intérimaire (M. Binger étant alors en Europe) d'interdire la vente de la poudre, ce qui fut fait.

Etait-ce bien opportun puisque la colonne ne devait avoir à combattre que les Sofas de Samory lesquels n'ont jamais reçu un baril de poudre de la Côte d'Ivoire, mais bien de Sierra-Léone ? C'était prudent, on fit donc bien de le faire.

Quelques temps après et avant d'avoir à lutter contre les Sofas de Samory, la colonne luttait contre toutes les populations du Baoulé, lesquelles s'approvisionnent de poudre à la Côte d'Ivoire ; c'est à ce moment que le Gouverneur Binger qui arrivait d'Europe autorisa à nouveau la vente de la poudre.

Les maisons de commerce s'étaient inclinées devant l'arrêté d'interdiction de la vente, elles n'eurent pas plus à dire (du reste sont-elles jamais consultées ?) lors du nouvel arrêté autorisant la vente.

Il fallait de l'argent au trésor local.

Aussi le Gouverneur Binger sans s'occuper du sort de la colonne permet la vente de la poudre laquelle est frappée d'un droit de cinquante centimes par kilog.

Je serais étonné d'apprendre que les officiers et les hommes de la colonne aient été heureux de cet arrêté, qui permettait à nos ennemis de ne pas manquer de poudre pour tirer sur nos soldats !

Tel est le bilan de la conduite du Gouverneur Binger, que le public juge !

Un de mes agents africain m'avait demandé l'autorisation de monter à Kong avec la colonne Monteil ; par télégramme je lui avais répondu que je l'autorisais, si toutefois le colonel Monteil n'y voyait pas d'inconvénient.

Il a accompagné la colonne tout au moins dans une partie de sa marche ; lorsque son rapport me sera parvenu je le publierai en tout ou partie si toutefois cette pièce relate des choses qui n'auraient pas été rendues publiques.

A. VERDIER

Ancien Résident de France, à Grand-Bassam (1871-1889)

Paris, le 25 mai 1895.

www.ingramcontent.com/pod-product-compliance
Lightning Source LLC
Chambersburg PA
CBHW061806040426
42447CB00011B/2504